会議で スマートに見せる 100の方法

100 Tricks to Appear Smart in Meetings
How to Get By Without Even Trying
Sarah Cooper

サラ・クーパー 著
ビジネスあるある研究会 訳

この会議、
役に立ってる?

早川書房

日本語版翻訳権独占
早川書房

©2016 Hayakawa Publishing, Inc.

100 TRICKS TO APPEAR SMART IN MEETINGS
How to Get by without even Trying
by
Sarah Cooper
Copyright © 2016 by
Sarah Cooper
Translated by
Business Aruaru Workshop
First published 2016 in Japan by
Hayakawa Publishing, Inc.
This book is published in Japan by
arrangement with
David Black Literary Agency, Inc.
through Tuttle-Mori Agency, Inc., Tokyo.

イラスト：© Sarah Cooper
装幀：木庭貴信＋川名亜実（OCTAVE）
翻訳協力：蜂谷敦子

この本を家族、友人たち、
同僚たちに捧げる
なかでもこの3つ
すべてにあてはまる私の夫に!

今 日 の 議 題

はじめに ……………………………………………… **7**

パート *1* ウォーミングアップ

会議室戦術帳(プレイブック)：会議室に入る ……………………… **15**

ふだんの会議：
スマートに見せるための10個の主要な裏ワザ …………… **16**

ホワイトボード戦術：
描くだけでスマートに見える21個の無意味な図形 ……… **27**

一対一の会議：同僚を説得する方法 ………………………… **34**

こころの知能指数作戦：表情の徹底活用法 ………………… **46**

電話会議：電話越しにスマートに見せる方法 ……………… **53**

グローバルに行こう：
世界中の会議でスマートに見せる方法 …………………… **66**

パート2 本題

会議室戦術帳(プレイブック)：会議室を掌握する 73

集団での会議：
上司でもないのに場の空気を支配する方法 74

応用編：男性優位の職場での会議の作法 84

臨時の会議：
奇襲攻撃的な会議をニンジャのようにかわす方法 87

実際は会議なのに、
会議らしくないように見せる方法 96

プレゼンテーション：
たいしたことを言っていないのに、
聴衆を魅了する方法 98

会議用語のカンニングペーパー 111

ブレインストーミング：
チームの創造力の源だと思われる裏ワザ 113

パート3 上級編

会議室戦術帳(プレイブック):会議室を出る ……… **131**

人脈作りのイベント:
二度と会わないであろう人たちと
人脈を作る裏ワザ ……… **132**

人脈作りのイベント中に
手持ち無沙汰にならない方法 ……… **144**

チームワーク強化のためのオフサイトミーティング:
会社の文化活動でスマートに見せる方法 ……… **151**

歴史に残る有名な会議 ……… **160**

最先端の会議の達人に学び
昇進(または解雇)をゲットしよう ……… **164**

ビジネスディナー:
社交が強要される場でスマートに見せる裏ワザ ……… **166**

おまけ

会議と会議のあいだ:休憩時間こそ輝くチャンス ……… **179**

この本で一番伝えたいこと
(後で何度もくり返すけれど)

会議でスマートに見えること。それが私の一番の望みだが、だれだってそうだろう。とはいっても、会議中は眠くなったり、次の休暇やランチのことで頭がいっぱいになったりしてスマートに見せるのが難しくなるときもある。そんなときこそ裏ワザの出番だ。この本では、頼りになる100の裏ワザを紹介しよう。

先人は「やみくもに働くのではなく、スマートに働け」とよくいうが、私のモットーは「働く時間があったら昼寝しろ」だ。この本で紹介するワザを学び、身につけ、実行すれば、あなたはいつのまにか企業のトッププレイヤーへと駆け上がっているだろう。たとえ企業のトッププレイヤーがどんなものか分かっていなくても。

その前にあなたにちょっと質問がある。
あなたは会議にしょっちゅう出ている?
あなたはキャリアを向上させたいと思っている?
あなたはこんなあたりまえの質問に答えるのを楽しめる人?
この本を自分のため、またはほかのだれかのために買った?

答えが「イエス」ならば、この本はあなた、またはそのだれかのためにある。

ひとはなぜ会議に出るのか?

たくさんの理由がある。みんなで協力するため、情報をシェアするため、自分の仕事が無用でないと証明するため、そしてなにより、欠席するうまい言い訳がとっさに思いつかなかったために、みんな会議に出る。

労働時間のじつに75%が会議に費やされるそうだ。しかし、それらの会議のうち3分の1以上は次の会議の計画に使われる。そして全体の6分の1がボンヤリしていたせいで、いま言われたことを聞き返すために使われ、さらに6分の3は、本来はメールで済ませるべきだったことに使われる。会議ではだれもがウワの空だ。だから、先を越すためには、だれよりもうまくウワの空になることが必要だ。会議はじつは、リーダーの素質、社交能力、そして分析的でクリエイティブな思考能力をアピールする絶好のチャンスなのだ。

スマートに見えれば見えるほど、たくさんの会議に呼ばれるようになり、スマートに見せる機会が増え、そして瞬く間に、革張りの重役椅子でくるくる回りながら天井を見上げ口笛を吹いているだろう。CEOがいつもやっているみたいに。

この本はどうして書かれたのか

原稿料をもらえるからだ。もっと言えば、締切りがあるから。

会議の裏ワザを書き留めるようになったのは2007年の夏のこと。そのころ私はYAHOO!に勤めていて、ディレクターやVP、シニアVP、そしてシニアVPディレクターたちとの会議の経験をもとに裏ワザを編み出した。7年後、私はGoogleのマネージャーになり、それまで以上にたくさんの会議に呼ばれるようになった。どうしてそんな輝かしいキャリアを歩むことができたのかって? 会議に出て、思いっきりスマートに見せたからだ。

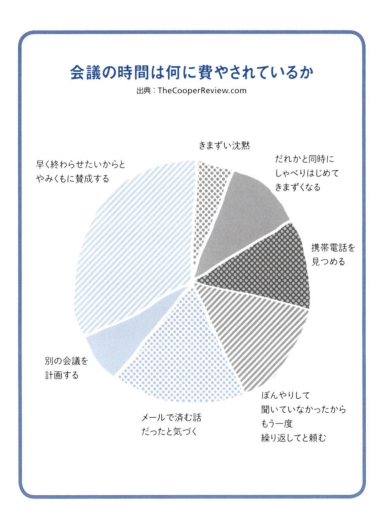

この本の内容は?

一対一の話し合いからプレゼンテーションまで、あらゆるタイプの会議について徹底的に検討し、どんな状況であろうとも会議というゲームの勝者になるための簡単な方法を紹介する。さらに応用編として、ふだんの職場以外にも対象を広げ、会議に出ていないときにどう振る舞うべきかまで取り上げる。そして、どんな表情をするべきかといった複雑でデリケートな技巧ももらさず紹介する。

この本は、どんな野心家もしり込みするようなキャリアへ（努力せずに）のし上がるための戦術、ワザ、戦略の数々を存分に提供する。

ヤル気がでる締めの言葉

見た目こそが真実である。これはたしかコロンブスの言葉だったはず。彼もなかなかいいことを言う。私は、自分が知っているふりをしているすべてをこの本に注ぎ込んだ。これらの裏ワザが、私のキャリア[*]に効いたのと同じように、あなたのキャリアにも効果がありますように。

＊私は現在、無期限の休養中。

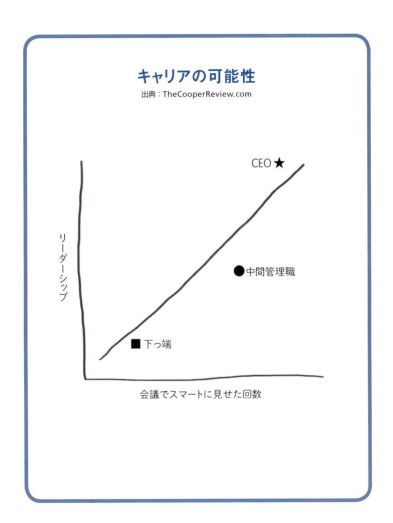

この本の使い方

☐ この本を買う

☐ この本を同僚全員に(または好きな人にだけ)
買ってあげる

☐ この本について話し合う会議を開く

☐ 必要がなくても
そのフォローアップ会議を開く

☐ 会社の机に一冊置いておく

☐ すべての会議室に一冊置いておく

☐ 出張用にスーツケースに一冊入れておく

☐ ベッドサイドに一冊置いて
iPhone置き場にする

パート 1

ウォーミングアップ

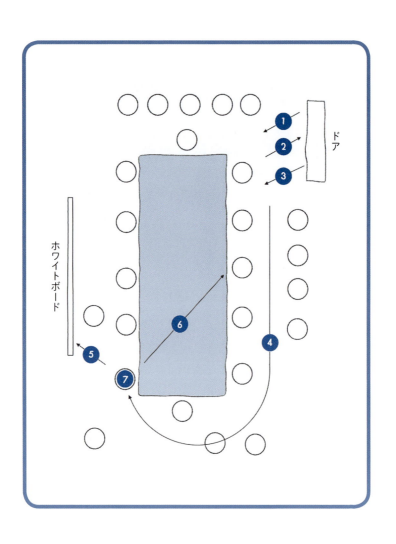

会議室戦術帳(プレイブック)
会議室に入る

会議中に、どこに座るか、立つか、寄りかかるか、はたまたうずくまるか。それで将来の幹部候補と見なされるかが決まるかもしれない。会議室に入るとき、次の作戦に従えば、あなたから知性の香りがダダ漏れるはず。

❶ 部屋に入る。みんなに何か欲しいものはないか聞く(裏ワザNo.61を参照)。

❷ コーヒーを取りに部屋を出て、トイレに行ってゆっくりする。

❸ だれにも頼まれなくても、水とお菓子を持って戻る。

❹ 会議のリーダーの隣に座る。そうすれば、あなたも会議をいっしょに取り仕切っているように見える(裏ワザNo.33を参照)。

❺ ホワイトボードにキーワードをいくつか書く(ホワイトボード戦術を参照)。

❻ ライバルの目をまっすぐ見る。

❼ 背もたれに寄りかかり、熟考しているみたいに両手を頭の後ろで組んで天井を見上げる。

ふだんの
会議

スマートに見せるための
10個の主要な裏ワザ

ふだんの会議はたいてい、苦痛、不要、退屈のいずれかだ。しかし、そのどれだとしても、これらの10個の裏ワザのうちどれか1つは、あなたを賢く見せるのに役立つはず。

No.1 ベン図を描く

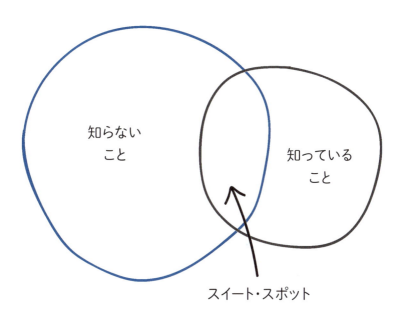

スイート・スポット

立ちあがり、ベン図を描くのは、スマートに見せるすぐれた方法だ。ベン図がデタラメでも構わない。むしろ、デタラメなほうがいい。あなたがマジックを置く間もなく、同僚たちは領域の名称や円の大きさについてああでもないこうでもないと議論しだすだろう。そうなればしめたもの。あなたはこっそり席に戻り、スマホゲームを再開できる。

No.2 パーセンテージを分数に言い換える

だれかが「約25％のユーザーがこのボタンをクリックしています」と言ったら、わりこんで「つまり4分の1ね」と言いメモをとろう。全員が同意してうなずき、密かにあなたの暗算能力に感心し、うらやむだろう。

No.3 「いったん冷静になろう」と提案する

いったん冷静にならない？

ほとんどの会議で、あなた以外の全員が議論を白熱させる瞬間がある。それを狙って「みんな、みんな、いったん冷静にならない？」と言う。みんなはあなたを見て、ヒートアップした空気を冷ます能力に驚くだろう。すぐに重ねてこう言おう。「私たちが本当に解決したい問題はなに？」。ビシッと決めたら、その後1時間はなにもしなくても賢く見える。

No.4 終始うなずいて、メモをとるふりをする

会議にはいつもメモ帳を持ちこもう。ITを拒否する姿勢は尊敬を集めるだろう。メモ帳には聞こえるすべての文章のうち1単語ずつを書き連ねる。そうしながらも、ずっとうなずきつづける。メモをとっているのかと聞かれたら、これは個人的なメモなので、議事録はだれか別の人にお願いしてと言う。

No.5 エンジニアが言った最後の言葉をとてもゆっくりとくり返す

ちょっとくり返させて

会議に出席しているエンジニアに注意を払おう。彼の名前を覚えておく。彼は会議中ずっと静かにしているが、ここぞというときが来ると、彼の口からまるで知恵の泉のように叡智が湧き出す。彼が神の言葉を言い終えると「ちょっとくり返させて」とわりこみ、いま言ったことをそのまま、しかしとてもゆっくりとくり返そう。そうすれば、出席者がその会議を思い出すとき、あなたが知的な発言をしたように誤って記憶しているだろう。

No. 6 それがなんであれ「スケールアップできる?」と聞く

でも、それをスケールアップできるかしら?

なにについて議論しているかに関係なく、それをスケールアップできるかをたずねるのは効果がある。この質問の本当の意味がだれにもわからないとしても、どんな状況でも使え、エンジニアをどぎまぎさせることができる。

No.7 会議室を歩き回る

だれかが会議中に席を立って歩き回ると、一瞬にしてその人を尊敬してしまうことはないだろうか？ 私はある。最初は勇気がいるが、やってしまえば即座にスマートに見える。歩き回ろう。部屋のすみに行き、壁に寄りかかる。思索にふけっているような深いため息をつく。みんなおもらししそうなくらい、あなたがなにを考えているのか気になるはず。じつはランチのことを考えているなんてだれも気づかない。

No.8 プレゼンで1つ前の スライドに戻すよう頼む

「ごめん、1つ前のスライドに戻って」。これはプレゼンターが一番聞きたくない言葉だ。それがプレゼンテーションのどの段階であっても。そして、あなたがそう言うとたちまち、ほかのだれよりも熱心に聴いていたように見える。プレゼンターがなにかを忘れ、それをスマートなあなたが指摘しようとしているのだから。なにも指摘することがなかったら？ 戻されたスライドを数秒だまって見つめ、「よし、次に進んで」と言う。

No.9 大事な電話に出て中座する

すみません、
大事な電話なので……

あなたはきっと、会議を軽視していると思われないように中座するのをためらっているだろう。しかし、不思議なことに、会議を「大事な」電話のために中座すると、みんなはあなたがどんなに忙しく、どんなに重要人物であるかを思い知る。「この会議は重要なのに、もっと重要な用事があるんだな。邪魔しないでおこう」と思われるだろう。

No.10 自虐ネタを言う

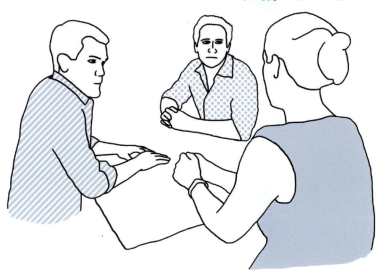

2時間ずっと、なにも聞いてませんでした

会議中ずっとなにも聞いてなかったのに意見を聞かれたら、こう言おう。「正直言って、なにも聞いてませんでした」。みんな自虐ネタが大好き。「私が離婚したときの弁護士に頼みましょうか」や「私なんて死んだほうがまし」などと言えば、みんな笑って、あなたの正直さを評価する（人事部に相談したほうがいいと思われるおそれもあるが）。そしてなにより、あなたは会議室でいちばんスマートに見えるだろう。

ホワイトボード
戦術

描くだけでスマートに見える
21個の無意味な図形

会議中に立ち上がってホワイトボードになにか描くのは本当に緊張する。だからだれもが恐れおののいて、席から立ち上がろうとしない。しかしそれこそが、スマートに見せるためにできるもっとも簡単なことなのだ。ホワイトボードの前に立つだけで、あなたのリーダーとしての能力は10倍に跳ね上がって見えるだろう。しかし、いったいなにを描けばいいのか？ なんでもいいのだ。ただ立ち上がり、自分のおしりに向けて数本の矢印を描くだけで、なんだかすごくスマートに見える。もっといいアイデアがほしければ、これから紹介する無意味な図形を試してみよう。

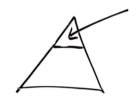

1. 「ヴィジョン」と書いて、丸で囲む。ヴィジョンに沿って進まなければならないことをみんなに思い出させる。

2. 三角形と、そのてっぺんに向けた矢印を描いて「私たち、集中すべきところを見失っていない?」と聞く。

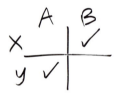

3. 不格好なバケツを描いて、それを「ファネル(じょうご)」と呼び「理想的な顧客を獲得するための最善の方法を決めなければ」と言う。

4. 水平な線とその真ん中を突っ切る垂直な線を描く。いくつかの文字とチェックマークを書き加えて「私たち、必要条件をすべて満たしているかしら」と聞く。

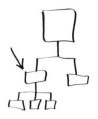

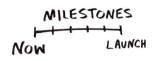

5. 四角形をいくつか描き、線でつなぐ。一番上の大きな四角は重要な人物で、その下の小さな四角はそうでない人々。「これからどんなヒエラルキーを構築すればいい？」と聞けば、みんなはあなたが大きな四角だと思う。

6. 現在からローンチまでを表す線を引き、マイルストーンで区切る。これでみんなは、あなたがプロジェクトのプランを把握していると思う。

BACKEND
↓
FRONTEND

7. 「バックエンド」「フロントエンド」と書き、矢印でつなげて、「バックエンドをフロントエンドにつなげなければならない」と言う。それだけで、なんだかすごく専門家っぽく見える。

8. ピザを描いてその中にクエスチョンマークを入れ、「各プロジェクトが1つのピースだとすると、どのプロジェクトが大きなピースで、どのプロジェクトが小さなピースか決めなければならない」と言う。

パート1

9. X軸とY軸を描き、ホッケーのスティックみたいな折れ線を加える。スティックの折れ目を円で囲み「どうしたらこのホッケースティックのような成長を達成できるか。この角度を上げるためにはどうすればいいか」とたずねる。

10.「ストラテジー」「ゴール」「アクション・プラン」といった単語を大きな文字で書き、下に二重線を引く。そしてそのまま席に座る。チームのみんなは、ビジネスのことだと思うだろう。

 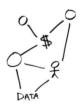

11. 人型をいくつか描いて、私たちの顧客について議論しなければならないと言う。そのうちのひとつを丸で囲んで「彼女はルーシー。ルーシーはお母さんなの。ルーシーがなにをほしがってるか、だれも気にしていない。私たちのほしいものはなんだった？ 問題はそこなのよ。ルーシーのほしいものはなに?」と言う。

12. いくつかの円と「お金」「データ」「ホットドッグ」といったでたらめな単語を書く。それぞれを線でつなげてから、いまあなたがやったように、これらをつなげることができるかみんなに聞く。

13. 1本の線とその両側に向かう2つの矢印を描く。片方の端まで歩き、1つの単語を口にし、別の端まで歩いてその反対語を口にする。そして、「私たちはそのライン上のどこにいるべきか」をチームのみんなに聞く。

14. 四角形と、その外側に向けた矢印を描く。「箱の外に飛び出そう」と言う。

15. 雲を描いて「曇りのない議論をしましょう」と言うか「この雲を晴らすにはどうすればいい?」と聞く。どちらにせよ、あなたはイノベーションの先導者に見える。

16. 「ロードマップ」と書いてそれを四角で囲み「私たちのロードマップはどんなもの?」とみんなに聞く。そうすれば、あなたが目標の達成を重視しているように見える。

17. 3つの柱を描いて、それぞれA、B、Cとし、思考の流れに沿って議論を分類しようと言う。そして席に戻り、だれかが分類してくれるのを待つ。

18. 「アイデア」と書き、その周りをグニャグニャの線で囲む。これは、あなたが本当にアイデアを聞きたいことを表し、グニャグニャの線は、そのプロセスがどれだけ有機的(オーガニック)であるかを示す。

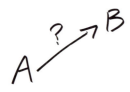

19. 一本の線を引き、片方の端をA、もう片方の端をBとする。「A地点からB地点に行くにはどうすればいい?」と聞く。あなたが問題解決をシンプルにしたことを、みんな称賛するだろう。

20. 1、2、3と書き、その間を矢印でつなげる。それぞれのステップについてそれらがどんなものかたずねる。そして、みんなが提案したことをただ書く。

21. 三角形を描き、3つの角にクエスチョンマークを書く。偉大な戦略には、必ず3つの強固な礎石(コーナーストーン)があると言う。「私たちの礎石はなに?」と聞く。

一対一の会議

同僚を説得する方法

先日、同僚が自分の気持ちやらなにやらを打ち明けてきた。正直言って、彼の言っていることはさっぱり理解できなかった。つまり、同僚の話を聞くのは難しいということだ。もし会議室に同僚とあなたしかいないときなら、あなたには驚くほど知識があり、真剣に取り組んでいるように見せると、その効果は何十倍にもなる。

同僚から尊敬されると同時に、じつは「同じ部屋にいっしょにいたいなんてこれっぽっちも思っていない」ことを悟られないようにする10個の裏ワザを紹介する。

No.11 直前にメッセージを送り、会議が本当に必要かたずねる

> 本当に今日会議する必要ある?

> ないかも

会議の直前にメッセージで、会議が本当に必要かたずねる。その時間で、会社にとってより価値のあることができないかを確認する。相手は、自分の時間を尊重してくれたことに感謝する。そして、話し合うべき議題を用意するのが面倒だった相手は、会議をキャンセルするだろう。あなたは午後のひとときを、YouTubeにコメントを付けながらだらだら鑑賞して過ごすことができる。

No.12 「あと少しで終わるから待って」と言う

会議室に早く行き、メールを読みはじめる。相手は部屋に入ると、あなたのオフィスに来たような錯覚を起こす。にこやかに挨拶し、「あと少しで終わるからちょっと待って」と言う。さらに、部屋の外で待つよう頼む。すると、相手がどんな隠し玉を持っていても逆転できないほど、あなたは優勢でスタートを切れる。

No.13 議題はないと告げる

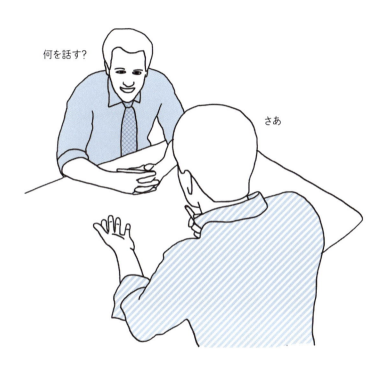

週ごとの会議では、特に話し合うテーマはないと言って相手を安心させよう。議題を出さないことで、あなたは友好的で親しみやすい印象を与える。そして、相手に議題を出すようプレッシャーを与え、彼が思いつかなければイラついて見せる。それから会議を早めに切り上げることを提案する。これが数週間連続で続いたら、会議そのものの中止を提案する。

No.14 相手がなにを言っても、知ったかぶりをする

そう、もちろん、当然

相手の言うことすべてが、まるであたりまえのことであるかのように反応する。「そう」「もちろん」「当然」「それはみんな知ってる」「だから?」などと言って相手の発言をさえぎる。

No.15 歩きながらの会議を提案する

歩きながら話すのが好きなの

同僚があなたと話したがっていたら「ウォーキング」会議を提案するのがおすすめ。スティーブ・ジョブズも頭をクリアにするためにやっていたらしい、と言う。

No.16 相手が問題を提起したら、例を求める

ほかの例はないの?

相手がいま抱えている問題について話しはじめたら、例を出すよう求める。相手が例を出したら、「もっと例を出せ」と言い、「パターンを見出すためには複数の例が必要だ」と言う。そして、次回、例をそろえたらまた話し合おうと提案する。

一対一の会議でなにをしているか?
出典：TheCooperReview.com

- 12%　相手が泣かないことを祈る
- 20%　泣くのを我慢する
- 30%　泣く
- 90%　心配しているふりをする
- 96%　15分早く終えるようがんばる
- 52%　天気のはなしをする
- 63%　いつも天気のはなしをするヤツにうんざりする
- 92%　ほかの同僚をこきおろす
- 16%　「実のある仕事」をしている自分を空想する

No.17 反論しようのない あたりまえのことを言う

あなたのすべての発言に相手を同意させるのは、スマートに見せるのに効果的だ。そのために一番よい方法は、相手が反論できないことを言うことだ。たとえば、次のように言えばいい。

- 現実に向き合わなくては
- この件については、うまく対処しなければ
- 優先事項に集中しなければ
- 正しい選択肢を選ぶべきだ
- 事実と意見だけに向き合おう

№.18 なんでもかんでも「ここだけの話」と言う

本当は
君に言っては
いけないんだが……

あなたが言うことはなんでも内密にするよう頼む。それがじつはよく知られた事実だとしても。そうすることで、あなたの発言の重要度が増して見える。うまくいけば、相手が漏らしてはいけない情報をうっかり言う可能性が高まる。あなたは後々、そのネタで相手をおとしいれることができる。

No.19 「客観的な」意見を言う

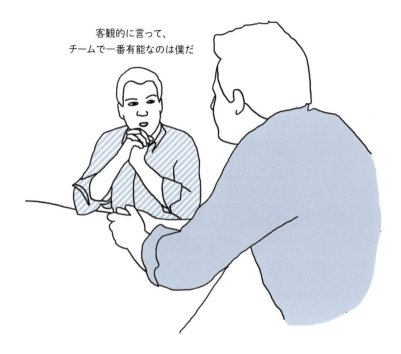

客観的に言って、チームで一番有能なのは僕だ

すべての意見は主観的なものである。ただし、あなたが自説を客観的だと主張するなら話は別だ。相手がどう思おうと「客観的に言って」からはじまる発言は、あらゆる文脈および状況において100%正確なはずだ。客観的に言って、あなたはすべての発言の頭にこの言葉をつけるべきだ。

No.20 会議について メタ的な会話をする

会議を有用で、有益で、そしてとにかく有用なものにするために誠心誠意、気を配る。その会議をより良いものとするためのアイデアを聞いて、次回からそれを試そうと言う（言うだけでやらない）。

こころの
知能指数作戦

表情の徹底活用法

会議において表情は重要だ。正しいタイミングで正しい表情を作れば、あなたはひときわ目立ち、いまなにが話し合われているかを実際に理解しているかのように見せることができる。

しかし、正しい表情を選んだり、慣れない表情をしてみせたりするのが難しいこともある。そんなときは、これから紹介する表情を試してみよう。

1. 眉間にシワを寄せて首をかしげる。「そのアイデア、聞いたことがある。ああ、なるほど。ライバル会社のを盗んだのね」という顔。

2. 顎を引き、口をかたく結ぶ。「よくも私の仕事のやり方に口出ししてくれたわね」という顔。

3. 眉を上げて微笑む。「だれかカップケーキを持ってきてくれたの?」という顔。

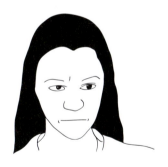

4. 疲れた顔をする。「いったいどこのバカが午前8時に会議を入れるんだよ?」という顔。

5. 目を細めて顔を少ししかめる。「まさかこの私にただの水道水を出したんじゃないでしょうね」という顔。

6. いたずらっぽく笑う。「はい、まだ作業中です」という顔。

7. 目をつぶる。「ちゃんと聞いてますよ。本当だってば」という顔。

8. 握りこぶしの上に顎を乗せる。「なかなか興味深い視点ね、ネイサン。もっと聞かせて」という顔。

9. 眉を上げて指をさす。「そうだ！私たち、あの決定を議事録に残すの忘れてたわね」という顔。

10. 満面の笑み。「素晴らしいスピーチでした、ボス」という顔。

11. ワクワクした顔をする。「やった！もうすぐ帰れる！」という顔。

12. 笑って首をかしげる。「昨夜、ジムで会いませんでした？」という顔。

13. 無表情になる。「クソつまんねーアイデア」という顔。

14. 部屋を見渡す。「だれかちゃんと記録してる?」という顔。

15. 笑顔で眉間にシワを寄せる。「それについては別の会議を設けませんか?」という顔。

16. 鼻にシワを寄せる。「だれかオナラした?」という顔。

17. 恐怖でたじろぐ。「今ホワイトボードに書いたの、油性ペンじゃないでしょうね」という顔。

18. エラそうな雰囲気を醸しだす。「私がいるだけでこの会議にハクがつくわね」という顔。

19. 上を見て、そして横を見る。「うーん、私がやるなんて言った記憶はないなあ」という顔。

20. サラダを口いっぱいにつめこむ。「サラダが口に入っているので、何も聞かないでね」という顔。

21. おとなしそうな顔をする。「ええ、私たちはこのプロセスの効率化について、もうすでに18ヶ月も話し合っています」という顔。

電話会議

電話越しにスマートに見せる方法

どこか別のところから電話で会議に参加する場合、あなたがずっとフェイスブックで従妹の犬の写真を見ていても、みんなにはわかりようがない。実際、いま私は電話会議の最中にこの文章を書いているけれど、それでも会議のなかで一番スマートなのは私。なぜか？ それは、これから紹介する12の裏ワザのおかげだ。

No.21 全員そろっているか聞く

みんなそろってる?
エリンはいる?
トビー? トビーはいるかい?

会議がはじまる前に、全員そろっているか聞く。特定の人の名前を出し、その人がいるかどうかを聞いて、もしいなかったら、彼女は出席するべきじゃないかとたずねる。みんながあなたの細やかな配慮に感心するだけでなく、あなたは真の社交家に見える。

No.22 あなたがいる場所の天気や時刻について話す

こっちは朝の5時で凍えるような寒さ。そちらの天気は?

あなたがどこから電話しているのかをみんなに知らしめ、天気の話をして、みんながいるところの天気を聞く。起きているだけで称賛に値する地域にいる場合は特に、あなたがいるところの時刻について話す。会社への献身がみんなに伝わる。そしてなにより、みんなはあなたが最後まで会議につきあう必要はないと考える。

No.23 発言していないときは マイクをオフにするよう言う

マイクをオフにして もらえませんか?

雑音はだれにとっても嫌なもの。真のビジネスリーダーは雑音をなくす勇気がある。議論を中断し「この雑音はどこから聞こえるの?」と聞く。そして「発言していないときはマイクをオフにしてもらえませんか」と続ける。あなたのリーダーシップが遺憾なく発揮されたおかげで、電話会議がより静かでより快適なものとなる。

No.24 データを探すため会議を中断する

データを探すために会議を中断し、データに基づいて決定すべきであることをみんなに思い出させる。提示したデータがちゃんと見えているかを確認する。返事を聞いたら「オッケー、じゃあ進めよう」と言い、スポーツニュースや芸能ニュースの閲覧に戻る。

No.25 「いま話しているのはだれ?」と聞く

だれかが名乗らずに話しはじめたら、だれかわかっていても途中でさえぎって「いま話しているのはだれ?」と聞く。その電話会議で何も言うことがないときに便利なワザである。

No.26 最新ガジェットで電話会議に参加する

未来から参加してまーす

スマートウォッチなどの最新のテクノロジーを使って会議に参加していると宣言する。みんな、あなたがだれよりも未来に詳しいから新しいものに挑戦しているのだと感銘をうけるだろう。画期的な最新技術を試しているせいで途中で通信が切れるかもしれないと前もって謝っておく。

No.27 大きな数字が出たら、都市や国で言い換える

2万5000人の顧客？
カナダのサスカチュワン州の
小さな村と同じ規模だな

だれかが大きな数字を言ったら、都市や国、地域などで言い換える。ちょうどいいものがなければ、適当にでっちあげる。あなたが世界の統計数値を把握する知識量にみんな脱帽するだろう。

No.28 「そりゃすごい」「なるほど」「すばらしい」を連発する

この会議、ありがたい
すばらしい洞察力だ
すごいすごいすばらしい

会議のあいだ中、あなたがうなずいたり笑ったりしてもだれにも見えないため、少なくとも2分おきに、相づちを打つのが重要だ。そうすれば、あなたが議論を聞いていて、会議の内容についてきているとみんなにアピールできる。本当は数独を解いている最中だとしても。

使える言葉として「すばらしい洞察力に感謝」「まったくそのとおり」「それについてはもっと考えなければならないな」「面白い」「へえ」「ふむふむ」などがある。

No.29 参加者にメッセージを送る

だれかが話しているときに、別の参加者にメッセージを送る。「納得してる?」「君はどう思う?」「今日のお昼はグルメバーガーを食べた」など。受け取った人はあなたのマルチタスク能力におおいに感心するだろう。

No.30 オフラインで話し合おう、と提案する

それについては
オフラインで話し合おう

だれかの発言の意味がさっぱり分からないとき、「オフラインの会議に持ち越そう」と提案する。面と向かったほうが深く討議できることをみんなに思い出させる。深い討議でなにを話し合うのかと聞かれたら、「はっきり決めてないが、それについて（オフラインで）話し合ってもいい」と言う。

No.31 全員が最新の資料を見ているか確かめる

資料を見る段になると「これは何度か改訂されてる資料だ。全員が最新のバージョンを見ているか気になって」と割って入ろう。全員が同じ資料を見ているかをどのように確かめるかで、みんなてんやわんやになり、あなたの指摘に感謝するだろう。

No.32 他に話し合うべきことはないかと聞かれたら「いくつかあるけれど、あとでメールする」と言う

あとでフォローするわ

電話会議の終わりに、司会者はすべての議題を話し合ったかを確かめようとする。あなたはここぞとばかりに「まだいくつかあるけれど、それらについてはまた別の機会に話し合おう」と言う。これにより、みんなの時間を大切にしていると思われるが、あなたからのフォローアップを待つ人はだれもいないだろう。

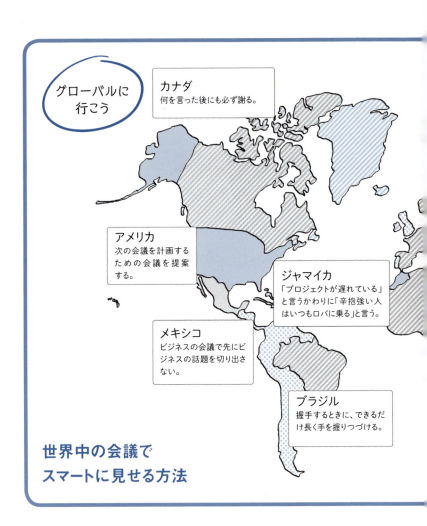

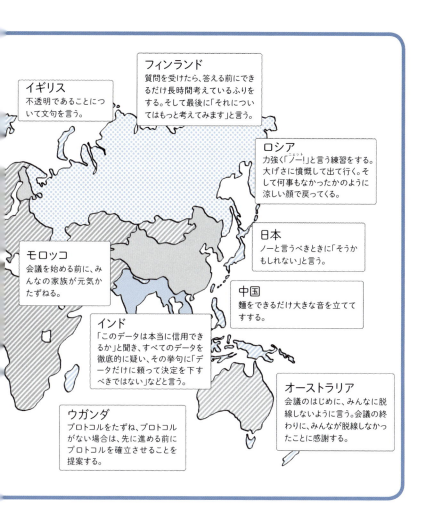

本題

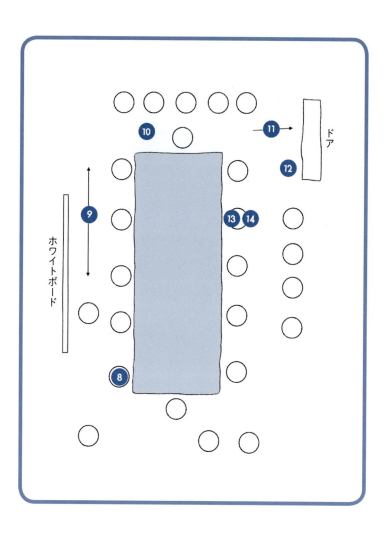

会議室戦術帳（プレイブック）

会議室を掌握する

本題に入ると、集中力が途切れ、眠気におそわれがちだ。いくつかの裏ワザを組み合わせて、ずっとウワの空だということをだれにも気づかれないようにするやり方を紹介する。

❽ 話を聞いているふりをしながら食べ物をほおばる。すると、だれからもなにも聞かれずに済む。左右を見て、会話に参加しているように見せる（「こころの知能指数作戦」を参照）。

❾ 立ち上がり、歩き回る。話をしている人の後ろをうろつくとさらに効果的。これをやられるとだれでも落ち着かなくなる（裏ワザNo.7を参照）。

❿ 部屋に背を向け窓の外を見て、深くため息をつく。

⓫ 電話を受けるため会議室を出る（裏ワザNo.9を参照）。

⓬ 会議室に戻るが、すぐにまた出るかもしれないという感じでドアのそばにいる。

⓭ 別の席に座って、みんなをドギマギさせる。

⓮ いま話していることについてCEOがどう反応するだろうかと言う（裏ワザNo.67を参照）。

パート2

集団での会議

上司でもないのに 場の空気を支配する方法

立ちミーティング、ステータス・ミーティング、全員会議など名称はさまざまだが、毎日、毎週、毎月、毎四半期、または毎年出席が強制される時間の無駄は、それらがなぜスケジュールに組み込まれているのかを出席者全員が疑問に思ったところで、けっしてなくなることはない。
それらの会議でうまくスマートに見せることができれば、いつの日か、そんな会議を中止できる地位に到達できるかもしれない。

No.33 リーダーの隣に座る

会議のリーダーの隣に座る。彼といっしょに議題を検討し、ふさわしいときにサポートしているかのようにふるまう。そうすればほかのみんなは、あなたも会議を主導しているとカン違いする。出席者が報告するときは、まるであなたに対しても報告しているかのように見える。

No.34 プロセスについて話し合う

これが正しいプロセスなのかが気になるわ

だれかが報告をしたら、それについて正しいプロセスを踏んでいるか聞く。すると、なにが正しいプロセスなのかについての議論へと脱線するだろう。そうしたら、プロセスが明確になるのはいいことだと指摘する。これで、あなたは戦略的で、目標志向のチームプレイヤーのように見える。

No.35 ひとの報告をさえぎり、その後、再開させる（カニエ・ウェストみたいに）

> アンソニー、ちょっとストップ
> ねえみんな、
> アンソニーが私たちの
> 四半期目標について報告するから、
> ちゃんと聞いてね
> じゃあアンソニー、続けて

だれかがプロジェクトについて報告をはじめたら、それをさえぎって、この報告がどれほど大事かみんなに知らせる。そして、報告者に続けるよう言う。一瞬にしてあなたは会議の支配者となる。

No.36 時間を確認してもらう

オンタイムで
進行してる?

みんなこの会議を早く済ませたいだろうから、報告を短くするようにと言う。会議を早く終わらせようとすれば、まるで救世主のように見える。たとえそれにより、会議がさらに長引いたり、もっと多くの会議が開催されたりすることになろうとも。あなたが報告をはじめる前に、持ち時間がどれだけあるかたずねる。もし5分しかなければ、「私の報告に6分は必要だから、次の会議までとっておく」と言う。

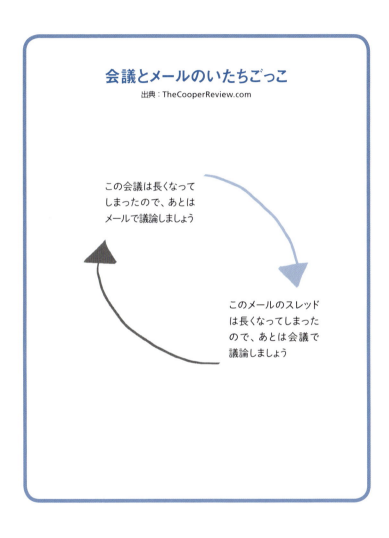

No.37 自分が関わっていないことでも「私たち」と言う

だれか別の人のプロジェクトについて話しているときでも、いつも「私たち」と言う。たとえ自分はまったく関係なくても。たとえば「私たち、これをいつまでに終わらせられると思う?」とか「私たちはそれに集中しなければならない」とか「やれやれ、私たち、やらかしちゃったわね」とか。

No.38 リソースが限られていることを みんなに思い出させる

私たちには限られた
リソースしかないことを
思い出してほしい

リソースが限られていることは、すでにみんな知っている。それなのに、あなたがそれを持ち出すと、なぜか絶対にスマートに見える。

No.39 だれかが質問をしたら、答えを知っていそうな人を見る

聞かれた質問の答えがさっぱりわからないことはよくある。しかし、まったく問題ない。部屋を見渡し、ほかのみんなが見ている答えを知っていそうな人を見れば、あなたは賢そうな見た目を保つことができる。もしその人が答えられなければ、思いっきりがっかりしたようなふりをする。そうすればみんなは、答えられなかった人があなたを落胆させたと思うだろう。

No.40 会議の終わりに、数人に声をかけて、別の問題を話し合うため残るように言う

マーガレット、このあとちょっと残ってくれる?

ひとりかふたりに声をかけ、数分残るように頼むと、声をかけられなかった人は、あなたがなにを話し合うつもりなのか、なぜ自分は呼ばれなかったのか、あなたがどんな極秘プロジェクトを隠し持っているのか、気になる。きっとなにかとてつもない重要事項に違いないと思い込むだろう。実際には、次回の会議にはドーナツを用意するべきか相談するだけだとしても効果的だ。

パート2

男性優位の職場での会議の作法

私は女性であり、男性ではない。しかし、働く女性のひとりとして男どもに囲まれている。ソーセージ至上主義は、政府からIT企業、そしてソーセージ工場に至るまで、あらゆる業種でいまだに健在である。だからこそ、女性はお茶くみをするために会社にいるのではないことを知らしめなければならない。そこで、男性優位の職場で優位に立つための8つのとっておきの裏ワザを紹介しよう。

1　なんでもスポーツでたとえる

男性が唯一理解できるのは、スポーツのたとえだけである。だれかがいい仕事をしたら、ホームランだと言う。トイレに行くときは、ハーフタイムだと言う。スポーツでたとえれば「必死にムチを打たなくても」「パックの行方を予測して滑り込み」して「タオルがリングに投げ入れられる」まで「シュートし続ける」ことができる。

2　絶妙なハイタッチをする

男性は、なにかにつけてしょっちゅうハイタッチばかりしている。どんな場合にも、タイミングよくハイタッチをすれば事足りる。うまくいったとき、休憩室にタダのベーグルがあったとき、おしっこのあと手を洗ったとき。思いっきりバシッとハイタッチし、力強さをアピールする。そのあと痛くて泣きそうな顔を見られないよう注意。

3　車に関する会話に習熟する

男性たちはみんな、遅かれ早かれいつかは必ず車の話をするものだ。だから、彼らと同レベルの知識を蓄えておいたほうがいい。といっても、彼らの情報源であるferrari.com、porsche.com、lamborghini.comをチェックする程度で十分だ。

4　質問のように聞こえる発言をしないよう気をつける。たとえそれが本当に質問だったとしても

女性の発言はたいていいつも、質問のように聞こえません？　そんな言い方は即刻やめよう。自分の発言が常に力強い宣言に聞こえるようにする。男性の同僚はあなたの自信に怖気づき、そのうちあなたを避けるようになる。それでも、少なくとも敬意は勝ち取れる。

パート2

5 靴下をホメる

男性がファッションセンスをアピールできる機会はたった二つ。右の靴下と左の靴下だけだ。だから、足もとに注目し、靴下を徹底的にホメまくろう。靴下選びに費やした数百時間が報われたと感じさせよう。

6 「女性が足りない」という理由で頼まれたら、笑い飛ばす

プレゼンテーションやビジネスディナーなどなにかのイベントへの参加を「女性が足りないから」という理由で頼まれることがある。あなたの人間としての価値を完全に無視したこのような侮辱は笑い飛ばし、大騒ぎしない。女友達と会うまで不平はこらえる。そしてあなたの涙をだれにも見せないように、泣くのは家のベッドに潜り込むまで我慢する。

7 いたずらを先に何度も仕掛ける

同僚の大事な万年筆をラメでデコる。同僚のコーヒーをカフェイン抜きにすり替える。次のボーナスは市場の悪化により大幅に減額すると上司の声で留守電を残す。いたずらは残酷で無神経だと思うかもしれないが、男社会に適応したいなら、同情心はいますぐ捨て去る必要がある。

8 『ビッグ・リボウスキ』の台詞を引用する

『アニマル・ハウス』、『ルディ／涙のウイニング・ラン』、『勝利への旅立ち』など、彼らがしゃべりだすと止まらないバカバカしい映画ならなんでもいい。

臨時の会議

奇襲攻撃的な会議を ニンジャのようにかわす方法

臨時の会議は「ちょっとした質問」や「ちょっとした確認」「ちょっとしたおしゃべり」といった名目でいくらごまかしたところで、実際は「会社に行きたくないちょっとした理由」と呼ぶべき奇襲攻撃である。

臨時の会議でスマートに見せるには、有意義な会話になるのをせいいっぱい妨害しながらも、話し合いに対し前向きで、やる気があるようにふるまうことが肝心だ。そうすれば、敵はあなたがオフィスの通路でもっともスマートだと考え(足早に)立ち去るだろう。

No.41 話し合いを歓迎して見せる

君のためなら
いつでも時間を空けるよ、
スティーヴ

いまやっていることをすぐに中断し、調子はどうかと聞く。会えたことを心底喜んでいるふりをする。これであなたは親しみやすく裏表のない人物に見える。みんなから「フレンドリー」とか「心のあたたかい人」と評される。そして、あなたが知識や才能がないことにだれも気がつかない。

No.42 お世辞を言う

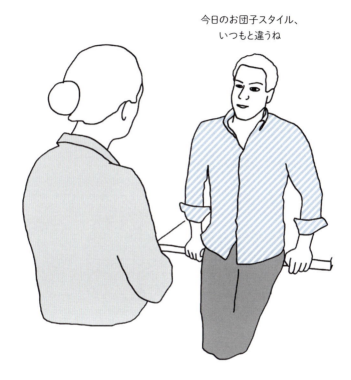

今日のお団子スタイル、
いつもと違うね

相手を本当に気にかけているように見せるには、お世辞を言うのが一番。言われたほうは自分がどう見えているかに注意が向き、ドギマギする。そして一瞬、なにを言いに来たのか忘れてしまい、調子がくるうだろう。いっぽうあなたは、堂々と落ち着いて見える。

No.43 終了時間を決めてからはじめる

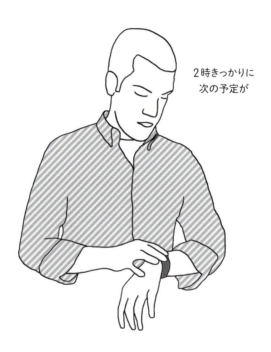

2時きっかりに次の予定が

会話をはじめる前に、終了時間を決める。すると相手は、あなたのスケジュールが分刻みできっちり管理されていると思う。相手はすぐに要点を言わなければならないと感じ、それができないならば、話し合うかわりにメールを送ると言うだろう。

No.44 「緊急の用事が入っていないか確かめなきゃ」と言う

わたしってば、スケジュールの奴隷なのよね

相手と話をしたいのは山々だが、緊急の用事が入っていないかを確認しなければならない。パソコン上のスケジュール表やメールの受信ボックスをじっくり時間をかけて確認する。次に携帯電話をチェックする。そしてタブレットも。そしてまたパソコンのチェックに戻る。そして別の用事ができるまでは空いているみたい、と言う。

No.45 だれか別の人を会話に引き込む

ジェニファーを呼んで、
彼女の意見も
聞いてみましょう

だれか別の人を会話に引き込むと、あなたは「コネクター」の立場になり、だれに何を話すべきか知り尽くしているように見える。第三者が加わったら、ふいに別の会議があるのを忘れていたと言って、二人に臨時会議を続けさせて自分はさっさと退散する。

No.46 会話の記録を残したいと言う

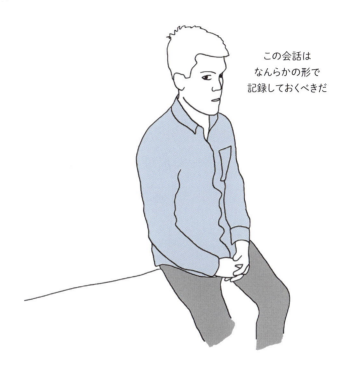

この会話は
なんらかの形で
記録しておくべきだ

相手がプロジェクトについて詳細に語りだしたら、この会話の記録を残すためメールのほうがいいと言う。すでにメールを送ったと言われたら、ほかのメールにまぎれてしまったのでもう一度送るように言う。毎日大量のメールが送られてくることや、ありとあらゆる問題についてみんながあなたの意見を待っていることについてタラタラとグチる。

No.47 話を聞いていると言いながら、キーボードを叩き続ける

時々「ふんふん」や「あー」などと相づちを挟みながら、パソコンのキーボードをデタラメに打つ。あなたのマルチタスク能力にだれもが感心するだろう。

No.48 データを見たいと言う

意思決定は「データに基づき」行うのがモットーだと言い張り、議論を進める前にデータを見たいと言う。相手がデータを用意していたら、もっと必要だと言う。さらに持っていたら、それらのデータを要約するよう求める。要約を渡されたら、今度はそのデータが古くなったと言って、最新のデータを要求する。

実際は会議なのに、会議らしくないように見せる方法

会議の苦痛を少しでもやわらげるために、それが会議じゃないと思わせる小ワザを活用するといい。もちろん、それが会議であることはみんな承知の上だが、いつもと違う、生産的で楽しいものになる気がする。
でもサラ、そうしたところで、それがいつもと同じただの会議だとみんなが気づいたら落胆させるだけなんじゃないの？ まさにそのとおり。
実際は紛れもなく会議なのに、会議らしくないように見せる3つの楽しい小ワザを紹介する。

1 会議を別の名前で呼ぶ

会議のスケジュールを立てるときに「会議」という言葉を使わない。本当は会議だということをごまかすような名前をつけてみる。楽しそうな名前の例を紹介する。

- 円陣
- ショータイム
- 脳活性化タイム
- ティータイム
- 相談コーナー
- 全員集合
- サークルバック
- 寄りあい
- 立ち話
- フォーラム
- タッチアップ
- 集会
- パウワウ
- 精鋭集会
- チェックイン
- 生存確認
- サミット
- フォローアップ
- お楽しみタイム

2 会議室に楽しい名前を付ける

会議室に名前をつけるのは1976年にはじまったが、当時は効果がなかった。会議室に楽しいテーマを選べば、だれもそこが苦悩の吹き溜まりだとは思わないだろう。

会議室のテーマのアイデアを紹介する。

- 絶対に達成できない崇高な目標

    シンギュラリティ、タイムトラベル、父からの褒め言葉、収益

- これまで一緒に働いただれよりも賢い天才

    アインシュタイン、プラトン

- チームのモットー

    無責任、説明責任を負わない、結果なんて気にしない

- テクノロジー専門用語っぽい言葉

    ゲームチェンジャー、ディスラプション、会議室版ウーバー

3 楽しい会議の儀式を決める

みんなを強制的に楽しい気分にさせるための楽しい儀式を決める。たとえば、会議のはじめかたや、座るか立つか、会議をだれが主導するのか、など。

- 最初に各自の週末の予定を発表する
- 会議の司会をみんなが持ち回りで担当する
- 「今週の優秀賞」を授与する
- 最初に3分間の瞑想をする
- ビーズクッションのソファに座る
- だれかを指すときに、おもちゃの銃で撃つマネをする
- 石を参加者に回し、それを持っている人だけに発言権を与える
- 会議の締めに秘密結社みたいな握手をする

たいしたことを言っていないのに、聴衆を魅了する方法

プレゼンテーションを成功させるカギは、みんなの前でバカをやらないことである。そのためには、徹底した下準備と練習が欠かせないと言う人もいる。しかしそれが面倒なら、これから紹介する12の裏ワザを試してみよう。これらのちょっとした裏ワザで、当然知っているべきことをまったくわかっていなくても、うまくごまかすことができるだろう。

No.49 ショッキングな告白をする

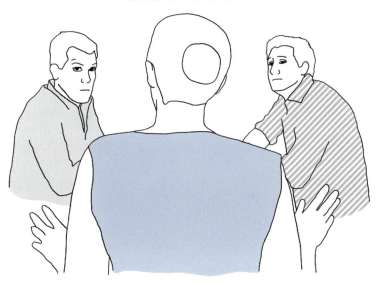

父に会ったことがないんです

プレゼンテーションの最初に、強烈で忘れられないようなことを告白する。信じられないようなショッキングなことなら、でっち上げでもかまわない。するとみんなは、その告白に数分は心を奪われ、プレゼンテーションの間ずっと気になって、あなたの言うことはなに一つ耳に入らない。

No.50 紙とペンを持つ

常になにかを持つようにする。ペンでもルーズリーフ数枚でも、その両方でもいい。すると、準備万端に見えるし、だれかを指し示すのにも使えるし、「メモ」をすぐに確認できるし、そしてメモをとるふりもできる。

No.51 自分のプロジェクトを過去の成功したプロジェクトと同列に紹介する

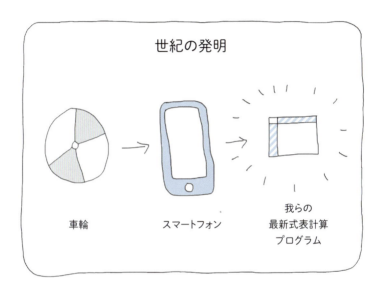

いまプレゼンテーションしているものを歴史に残る成功例のリストの最後に加えると、それが重要なものだと簡単に信じさせることができる。車輪、電気、内燃機関、iPhone、即日配送などについて話し、その後にあなたがこれから紹介するものは、それらの偉大な発明に連なるものであると、本当にそう信じているように言う。

No.52 インタラクティブに進行したいと言う

思いついたことや質問があればいつでも言ってください

いつでもプレゼンテーションを中断していいと宣言すると、うまくいけばプレゼンテーションをまったくしないで済む。特に、準備をすっかり忘れていた場合や、ずるずる先延ばしした挙句に寝落ちしてしまった場合などにこの裏ワザが役立つ。「なにについて聞きたい?」など、イエスかノーで答えられない質問をし、さらにはだれかを指名し「ジェンナ、去年のうちの収益についてどう思う?」などと言う。各自が答えるあいだ、あなたは壁にもたれてうなずき、その後部屋を見渡して「ほかにだれかいない?」と聞く。

No.53 どうとでもとれる単語を1つ載せる

Passion

パワーポイントを準備するときに、どうとでもとれる単語を各スライドの中央に配置する。この単語は、濃色の背景に白い文字でも、明るい背景に黒い文字でも、グーグル画像検索からゲットした写真に被せた半透明のボックス上に白い文字でもいい。この単語を大きな声で読み上げ、聴衆を見渡し、「この言葉をじっくり味わってください」と言う。みんながあなたの知性に打ちのめされるとは限らないが、少なくとも、打ちのめされない自分がおかしいのかもしれないと思うだろう。

No.54 パワーポイントの操作を だれかにやってもらう

うん、そこを開いて スクリーンに映してみて

スライドの操作をだれかに頼むと、それだけで「次のスライドに進んで」とか「ちょっと戻って」「遅れないでついてきて、ジャネット」などと言う権力を得ることができる。

そして、手を腰に当てながら部屋を自由に歩きまわることもできるようになる。そうすればみんな、次にあなたがどこに向かうのか緊張感でぴりぴりりする。

No.55 次に進む前に、先に進んでいいか聞く

先に進んで大丈夫?
速すぎる?
みんなついて来てる?

「先に進んで大丈夫?」と恩着せがましく言うと、聴衆はみんな、小学校低学年のおはなしの時間に戻ったような気分になる。先に進んでいいか、と参加者全員に聞きながらも、そのうちのひとりの顔だけを見るようにする。そして一拍おいて「じゃあ、次のスライドに行って」と言う。

No.56 スライドを何枚か飛ばす

過去のプレゼンテーションや、同僚のプレゼンテーションからスライドを何枚か抜き取り、自分が作ったスライドのあいだに挟みこむ。そして、それらのスライドを飛ばしながら「いまのところ、これは飛ばします」や「時間があったらこれに戻りましょう」などと言う。みんな、あなたがこの発表を何時間もかけて準備したと思うだろう。

No.57 「いい質問だ」と言って質問に答えない

いい質問ね
それについては
のちほどお答えします

質問者をほめると、答えないで済む方法を思いつくまで時間を引き延ばせるだけでなく、寛大なプレゼンターに見せることができる。その質問がどんなに素晴らしいかをたっぷり伝えたら、その後の「そのまま聞いていたらわかります」や「終わりに言います」、「あとで直接答えます」などはだれも聞いてないだろう。

No.58 エラい人がコメントしたら、中断して書き留める

素晴らしいご指摘です、
トッド
ちょっとメモさせてください

エラい人がコメントしたら、すぐにプレゼンを中断し、それを書き留める。「素晴らしいご指摘です、シェイラ。ちょっとメモさせてください」と言う。必ず、下の名前(またはニックネーム)で呼ぶこと。そうすればみんなは、あなたがそのエラい人とお友だちだと思い込む。

No.59 机のはしっこに座る

ダグは賛成してくれるはずだよ

会議机のはしっこに座ると、エラそうな雰囲気を保ったまま、リラックスして見える。だれかの名前を呼び、その人に直接話しかけるようにする。そして、なにかを深く考え込むように遠くを見つめる。これで、みんなすっかりあなたに魅了されるだろう。

No.60 プレゼンの要点を聴衆に発表させる

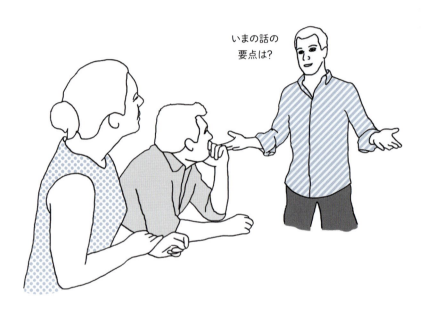

よいプレゼンテーションはかならず最後に要点を列挙して終わるが、賢いプレゼンターならば、それらがなにか聴衆にたずねる。きまずい空気が流れるが心配いらない。静寂に耐えられなくなったら、だれかを名指しし、その人が言うことに大げさに感心して見せ、メモをとる。

会議での発言のウラの意味を解読しよう。

会議用語のカンニングペーパー

スケジュールに入っていませんでした。 = スケジュールから削除していました。

承知いたしました。 = すでに忘れかけています。

それについては次の会議に持ち越しましょう。 = そんなバカな話は聞いたことがない。

もう一度言ってもらえます? = フェイスブックを見てました。

先ほどおっしゃったとおり…… = あなたにゴマスリしてますよ。

それはそうですが…… = なにも変えるつもりはない。

プロセスを合理化しよう。 = 延々と議論しつづけよう。

考えるまでもない。 = 考えたくない。

絶対に。	＝	たぶん違う。
ちょっと聞いていい？	＝	しばらく居座るつもりだから。
これについては ぜひもっと議論したい。	＝	その話は二度とするな。
ちなみに……	＝	話題を変えたい。
ご指摘、ありがとう。	＝	それを持ち出したこと、 一生後悔するぞ。
良さそうですね。	＝	言っている意味が さっぱりわからない。
裏付けるデータを 集めましょう。	＝	絶対間違ってるはず。
精一杯努力します。	＝	最小限のことしかしません。
その件はあとで。	＝	その件は終わりだ。
その件については あとで調べておきます。	＝	この先、私からの連絡を 受けることも、私と会うことも 二度とないだろう。

ブレインストーミング

チームの創造力の源だと思われる裏ワザ

ブレインストーミングでは、斬新なアイデアを思いつかなければというプレッシャーに押しつぶされそうになる。ラッキーなことに、会社というものはたいてい、新しいアイデアを好まない。したがってこれらは無意味な儀式であり、大事なのは、存在感だけで場の空気を良くし、別の人のアイデアを自分のアイデアのように思わせ、プロセス全体の効率性に疑問を呈して真のリーダーのようにふるまうことである。ブレインストーミングで勝者となるための12の裏ワザを紹介しよう。

No.61 水を取りに行きながら、「なにかいる?」と聞く

会議がはじまる直前に席を立ち、みんなにいるものはないか聞く。みんなは、あなたが思慮深く、親切で、献身的だと思うだろう。そのうえだれからもとがめられることなく、10分間その場から消えることができる。なにも頼まれなかったとしても、水や清涼飲料のペットボトルとお菓子を抱えて戻る。みんな、飲んだり食べたりしないと悪いような気がし、その結果飲み食いするみんなの行動を、まるであなたが鋭く予知していたように錯覚する。

No.62 ふせん紙の束を取りだし、なにかを書きはじめる

議題を紹介しているあいだにふせん紙の束を取りだし、デタラメなフローチャートを書きはじめる。会議の目的が知らされる前に、どうしてそんなにたくさんの複雑なアイデアが思い浮かぶのかと、みんなから畏怖されるだろう。

No.63 シンプルだが深遠そうな たとえを言う

ここに、ケーキがあるとして
デコレーションがまだだとしたら
どんなデコレーションをする?

問題を明らかにしようとするとき、ケーキ作りなど、まったく関係のないことでたとえる。あなたのたとえが議題とどう関係するのか理解できなくても、みんなうなずいてみせるだろう。みんなが理解できない話をすることで、あなたは近寄りがたいほど超越的にクリエイティブに見える。実際は、ただ単にケーキが食べたいだけだとしても。

No.64 「それは正しい質問かな?」と逆質問する

この疑問がはたして正しい疑問か、疑問に思うべきじゃない?

いま問われているのが「正しい質問かどうか」を質問することほどスマートに見えるものはない。だれかから、正しい疑問とはなにかと返されたら、いまの疑問がそうだと答える。

No.65 慣用句を使う

クソはいくら磨いてもクソ

ひとのアイデアにケチをつけるときは、慣用句を使うのが効果的だ。次のような慣用句が使える。

- 屋上屋を架すようなもんじゃない?
- ブタに真珠だろう?
- クソはいくら磨いてもクソだと思うけど。

No.66 「ひらめきを得る」ための奇抜で独創的な方法を編み出す

「思考を柔軟に」したり「ひらめきを得」たりするための、奇抜な方法を編み出す。パジャマで会議室に現れる、床で瞑想をはじめる、その場でジョギングする、壁にボールを投げる、手近な棒を使ってエアドラムを打つ、などなんでもいい。いっそすべてを同時にやってしまうのもありだ。なんのアイデアも浮かばなくても、あなたの制御不能で創造的なエネルギーにみんな圧倒されるだろう。

ひとの小さなアイデアにケチをつける方法
出典：TheCooperReview.com

ひとのアイデアを小さすぎると指摘すると、大局的にものを考える革命児だと思われる。

次の台詞を使おう。

——革新的じゃなくない？

——飛躍的な成長をもたらす？

——みんなが望む未来がこれ？

——それ、もうとっくに消えたと思ってた。

——これのどこがすごいの？

——でも、アップルがもうやってるんじゃない？

ひとの大きなアイデアにケチをつける方法
出典：TheCooperReview.com

ひとのアイデアを大きすぎると指摘すると、上司はあなたが会社のリソースをちゃんと気にかけていると思う。

次の台詞を使おう。

――革新的過ぎない？

――これをどうやってロードマップに落とし込むの？

――方向転換にならない？

――机上の空論じゃない？

――ピントがずれてない？

――でも、どうやってテストするの？

――世界で通用するかしら？

No.67 「CEOはどう思うか」と言ってみる

メリッサは
きっと気に入ると思うよ

提案されたアイデアにCEOがどう反応するかと言うことで、あなたがCEOととても親しいとみんなに思わせる。その際に、CEOを下の名前で呼ぶ。「次に会ったときにこのことについて話してみる」と言う。そしてCEOが気に入りそうなアイデアを思いついたみんなをたたえる。CEOと親しいとアピールすることで、みんなはあなたを将来のCEO候補だとみなすようになる。

だれかが良いアイデアを思いついたら、自分は何年も前から同じアイデアを温めていたと言う

私が考えていたのもまさにそれ

だれかが良いアイデアを思いつき、みんながそれを気に入ったようなら、「自分も同じアイデアを以前から温めていた」と言う。そうすれば、良いアイデアを自分に関連づけ、間接的に自分の手柄にできる。

No.69 有望なアイデアが出たら、わざと反対意見を言う

完璧なアイデアに見えるけど
でも……
もしそうじゃないとしたら?

有望なアイデアが出て、みんながそれを気に入ったようなら、反対意見を言う役を演じるといい。みんなが想定している仮定をひっくり返してみせる。その後、あえてあら探しをする役回りを演じただけだと言う。みんな、あなたが問題をだれよりも深く考えていると思い、その後3時間、それについて堂々めぐりの議論をし続けるあなたの能力に畏れ入るだろう。

No.70 フレームワークやプラットフォーム、モデルが正しいか問う

まずはプラットフォームの構築が先だ

フレームワークを再構築したり、モデルを見直したり、プラットフォームに落とし込む方法について提起したりすれば、いつでもほかのだれよりも大局的に考えているとアピールすることができる。これはどんな場合でもみんなを圧倒できる方法であり、みんながなにについて話しているのかまったくわかっていなくても、うまくごまかすことができる。

No.71 みんなの意見がひとつにまとまったら「いざ出陣!」と言う

いざ出陣、
だな

ひとつのアイデアや方向性にみんなが熱狂するような瞬間がある。だれよりも先に「いざ出陣!」と掛け声をかける。そうすれば、その会議を終結させるのと最終的な決定を下すという二つの権限があなたの手中に転がり込む。実際にはどちらの権限もないとしても。

No.72 提案されたアイデアの写真を撮る

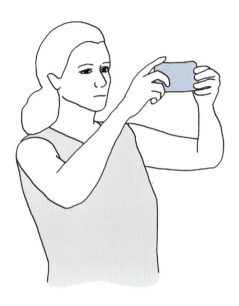

会議の終了後、後ろに下がって、ホワイトボードやコルクボード、黒板など、みんなのアイデアが書かれたものの写真を撮る。その写真を出席者に送り、実りのある議論をしてくれたことに感謝する。そしてその画像を速攻で削除する。そんなものが将来必要となることは絶対にないから。

上級編

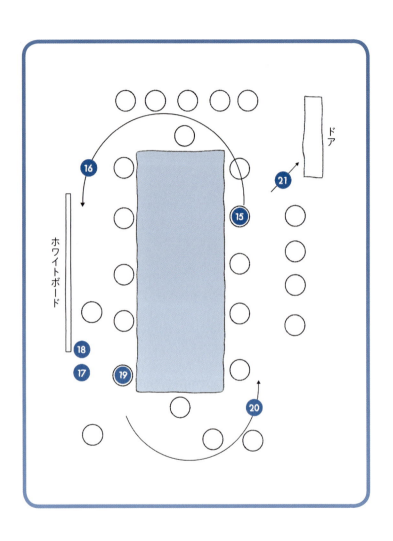

会議室戦術帳（プレイブック）

会議室を出る

会議のラスト20分をめいっぱい活用して、みんながあなたの貢献を心に刻んで会議室をあとにするように最後の仕上げをしよう。これから紹介する会議に勝つための裏ワザを使えば、実際は何の貢献もしていなくても、貢献したように思わせることができる。

⓯ 熱心にうなずきながら、ノートにメモをとる（裏ワザNo.4を参照）。

⓰ ホワイトボードに「ロードマップ」と書き、その周りを四角で囲む（ホワイトボード戦術を参照）。

⓱ 壁にもたれかかって、「自分たちは俯瞰的に考えているか」と問う。

⓲ ケーキ作りにたとえる（裏ワザNo.63を参照）。

⓳ 「もう話し合うべきことはないか」とだれかが聞いたら、席に戻り、「いくつかあるけれど後でフォローアップする」と言う（裏ワザNo.32を参照）。

⓴ 二人に声をかけて、別の問題を話し合うため残るように言う（裏ワザNo.40を参照）。

㉑ 二人を後に残して自分だけ退散する。

人脈作りの
イベント

二度と会わないであろう人たちと人脈を作る裏ワザ

人脈作りのイベントでなによりも大事なのは、出会った人の顔を殴らないことである。

人脈作りのイベントが大好きという人はめったにいない。しかし、初対面の、そして再び会うことのない人たちに、「あなたが人脈の広い印象的な人物だ」と思わせる絶好のチャンスである。名札から、握手、そして他人の人生に興味を持っているふりをすることまで、人脈作りのイベントはなにもかもが重要である。

早く帰りたいと思いながら会場を歩き回るあいだ、これから紹介する10個の裏ワザを思い出してほしい。

No.73 仕事について聞かれたら「革新的」「テクノロジー」「エキサイティング」などをちりばめて答える

犬の散歩に関する
革新的なテクノロジーを
開発中です
すごくエキサイティングな
仕事なの

退屈な履歴書を読み上げるかわりに「革新的」や「テクノロジー」などの言葉をめいっぱいちりばめる。そして、そのエキサイティングな仕事に自分がどれほどエキサイトしているか語る。

No.74 名札をつけない

名札ってものを
信じてないんだ

ルールに従わず「わたしの流儀」(つまり、この本でやれと言っていること)に従っていると、なんだかとてもスマートに見える。名札をつけないのもそのひとつのやりかただ。名札はどうしたのかと聞かれたら、「自分は名札を信じていない。なぜなら、人は実際に語り合うべきだから」と言う。これにはだれもが同意せざるを得ないだろう。

№.75 よく知らない話題でも、知っているふりをする

聞いたことのないアプリや本、人について相手が話しはじめたら、うなずいて見せる。そのアプリや本、人についての感想を求められたら、汎用性の高い回答でごまかす。たとえば「プラットフォームに改善の余地があるね」「コンセプトがあいまいだ」「彼女は握手の達人ね」など。そして、ドリンクのおかわりをとりに行くと言ってその場を離れ、生涯その人に近づかない。

No.76 みんなと同じタイミングでドリンクを飲む

話している相手と同じタイミングでドリンクを飲む。このささいな方法で、あなたが周囲に馴染んでいるとアピールできる。そしてそのあいだ、あなたは沈黙を埋めないで済む。

No.77 ネットワークを広げるために来たと言う

ネットワークを広げるために来たとアピールする。すると、すでに十分なネットワークを持っていて、さらにそれを広げるためにここに来たのだと思われる。交友関係について、情報科学っぽく聞こえる比喩を使って説明する。自分のネットワークのノードやコネクションについて語り、フリーフロー的なナレッジ・シェアリングのファイアーウォールのブリッジになりたいと言う。

人脈作りのイベントで何をしているか?
出典：TheCooperReview.com

33%　人を避ける

23%　重要人物と話すための列に並びながらも、
　　　そうでないふりをする

85%　飲み放題でないことに文句を言う

45%　はしゃぎすぎる

99%　話題に出た本を読んだふりをする

82%　早く家に帰ってドラマが見たいと思う

90%　ワイワイしている人たちの輪の外で、
　　　「仲間に入れてもらえたら
　　　　どんなに楽しいだろう」と空想する

No.78 人を紹介し、とっくに知り合っているべきだと言う

二人を引き合わせることができてとてもうれしいよ

だれかを紹介する機会があれば、まだ二人が知り合いでないことを大げさに驚いてみせる。「デヴィンを知らないなんて信じられない!」とか「本当にアリソンと会ったことがないの?」などと言う。二人はあなたにわけもなく感謝し、まわりにはあなたが二人を引き合わせたと言うだろう。そしてあなたを縁結びの神様のように崇めるだろう。

No.79 名刺が欲しいと言われたら、最後の一枚が残っているかもしれない、と言う

もうないと思ったが、最後の一枚を発見した、というふりをする。すると、すでにたくさんのネットワークを築いたかのように見える。そのうえ、相手はもらった名刺が最後の1枚だったと思うと、捨てにくくなるかもしれない。

あなたの物語を聞かせてほしい、と言う

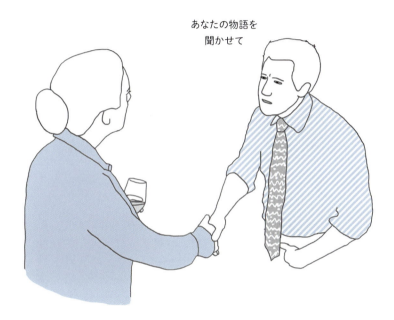

あなたの物語を
聞かせて

相手に職業をたずねてはならない。そのかわりに、相手自身の物語を話すよう頼む。相手が仕事の話をしだしたら「それはあなたの仕事であって、あなた自身ではない」と言い、相手の物語を話すようにもう一度頼む。相手は、正しい答えのわからない質問を投げかけられたみたいに、自分が間抜けになった気がして、あなたが自分よりもずっとスマートに違いないと思うだろう。

No.81 仕事について詳しく聞かれたら、機密事項だと答える

話したいのはやまやまなんだけど秘密保持契約にサインしてもらわないと話せないんだ

プロジェクトが「極秘」や「機密」、「ナイショ」だと言えば、仕事について詳しく説明しないで済む。秘密保持契約にサインしてもらわなければこれ以上話せないと言う。秘密だと言えば言うほど、あなたに権限があるように見え、なにか重要な仕事をしていると思われる。毎日、恐竜に関するウィキペディアの記事を読んで暇をつぶしているなどとはだれも思わない。

No.82 会話から抜けるのに、人を待たせているから、と言う

みんなを待たせたら悪いから

だらだらと続く会話から抜けるのは困難だ。しかも人脈作りのイベントとなれば1時間に18回はそうした会話から抜け出さなければならない。そんなとき、人を待たせていると言うのはいい方法だ。あなたを待っている人がいるという事実だけでも十分効果的だが、さらに、みんなを待たせたくないと付け加えよう。すると、まるで会社のセレブのように思われるはずだ。あなたの同僚は内心ひそかに、いったいだれがあなたを待っているのだろうとあれこれ思いめぐらすはずだ（実際に待っているのは相乗りサイトで見つけた車の運転手だとしても）。

パート3

人脈作りのイベント中に手持ち無沙汰にならない方法

ほとんどの人にとって、人脈作りのイベント中の最大の悩みは、手をどうしておけばいいのかわからないことだ。世界一輝かしい肩書を持っていたとしても、手をあてもなくさまよわせていたら、だれも話しかけようとは思わないだろう。人脈作りのイベントでそんな大失態をやらかさないためにも、これから紹介する手の動きをお試しあれ。

1. ドリンクを片手でさりげなく持つ。そして別の手に持ち替える。そしてまた持ち替える。

2. ドリンクはどうかと聞かれたら、このしぐさをする。

3. 両手をポケットに突っ込む。結婚しているかどうか謎めいた雰囲気を醸し出せる。

4. 腕を組むと、そう易々とは感心しない人だと印象づけられるか、寒がっているように見える。

5. 給仕係を呼んでオードブルを持ってくるよう頼むと、パーティー慣れしていると思われる。

6. 給仕係を指差して手を振る。スタッフに対しても礼儀正しいとアピールできる。

7. だれかが「実家に戻り両親と暮らしはじめた」と言ったら、ショックで口を覆う。

8. クレジットカードをふりかざすと、みんなに飲み物をおごってポイントをゲットしたと思われる。

9. 上着を抱えていると、クローク係を信用していないのかな、と思われる。

10. この思慮深そうなポーズをとれば、みんなはあなたが思慮深いと思う。

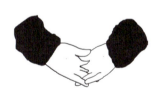

11. 背中で手を組んでゆっくり歩きながら、会場の人たちを密かに格づけする。

12. だれかの事業計画を聞きながら、賢そうにメガネの位置を直す。

13. 両手の親指をあげて、会議が好きな人はダレだ？ コイツだ!

14. 眉毛を整えると、身だしなみに気をつかっているように見える。

15. このジェスチャーをして、起業するのに集めた資金の額をもう一度言ってもらう。

16. いっしょにお酒を飲んでいる相手に、おどけて空手の試合を申し込む。空手の心得があるふりをして。

17. あくびは失礼だと思われるおそれがあるが、昨夜は徹夜だったからと言えばいい。退屈だからではなく。

18. ほかのみんなの肩書に「VP」と入っていることをあなた以外のだれもが当然と思っているみたいなら、頭をかこう。

19. 話したくないヤツが近づいてきたら、食べ物を口いっぱいにつめこみ、口を指差して見せる。

20. 親指をさっそうと肩越しに指し、もう行かなければならないとみんなに伝えよう。

21. エアドラムを打つと、あなたがどれほど音楽好きと思われたいかがアピールできる。

チームワーク
強化のための
オフサイトミーティング

会社の文化活動でスマートに見せる方法

チームワーク強化のためのオフサイトミーティングでスマートに見せるには、体力と精神のどちらも強靭なフリをしなければならない。最近のオフサイトミーティングでは、従来のようなトラストフォール（訳注：ひとりが台の上に乗って腕を前に組んで後ろ向きに倒れ、仲間がそれを受け止めることにより信頼関係を強化する儀式）はもう行われなくなったようだが、ジャグリングや即興劇などでチームとの一体感を精一杯アピールしなければならない。

つまり、それらを通じて自分が成長しなにかを学んだとアピールし、みんなも学び成長するよう勇気づけ、そして今後もさらに学びと成長の機会があることを望んでみせるということだ。

No.83 ランニングウェアや ヨガウェアを着て行く

ヨガやランニング、重量上げ、テニスなどのウェアを着て行く。活動の開始前に軽くストレッチをする。すると、いつも運動をしているとみんなから思われる。さらにおまけとして、1時間ほどで疲れてしまっても、ヨガウェアは昼寝にうってつけだ。

No.84 毎日やれたらいいのに、と言う

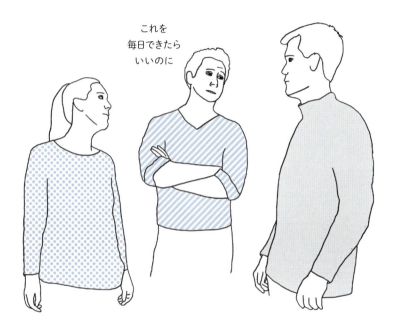

オフィスの外に出たことを純粋に喜んでいるように見せる。たとえそこがホテルの会議室であり、本当は自分のデスクの下で居眠りしていたかったとしても。

No.85 イベントをいま抱えている課題にこじつける

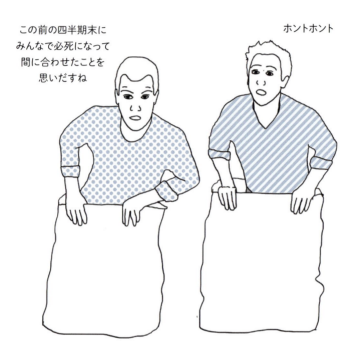

綱引きをするときは、社内のリソースをいつも奪い合っていることに関連づける。人間の盾を築くときは、会社がいかに自分たちを守ってくれないかについてコメントする。数学なぞなぞを解くときは、いかに自分が数学が嫌いであるか言う。退屈なエクササイズをことごとくチームの課題にこじつけると、なんだかとても深い人に見える。

No.86 ふだんの会議に取り入れられないだろうか、と言う

いつもの会議に
このアイデアを活用したいね

この活動がいかに楽しいか、みんながどれほど協力しあっているかをコメントする。「これを日々の業務に活かすにはどうすればいいかな」と聞く。そして「今後のために、ぜひみんな考えてみてほしい」と言う。

No.87 みんなのエネルギーを チェックして回る

昼食後、みんなのエネルギーがどんな具合かを聞き、みんなのエネルギーをチェックしたいと言う。エネルギーが足りていることはなにより重要であり、エネルギーが不足しているなら、なにかエネルギーが湧くエクササイズをするべきだと言う。

No.88 手当たり次第に応援する

いいぞ!
みんながんばれ!

ことあるごとに「いいぞ!」か「みんながんばれ!」、またはその両方を叫ぶ。その熱意に、みんなはあなたが真のチームプレイヤーだと思うだろう。

No.89 みんなのことが本当に大好きだと重大な告白のように言う

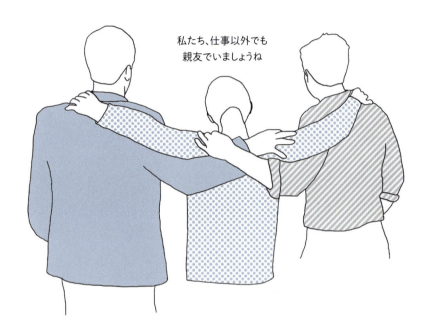

私たち、仕事以外でも親友でいましょうね

初めて会ったときのような新鮮な目でみんなを見ているふりをする。やる気がない、またはやる気満々過ぎる同僚にムカついたことなどこれまで一度もなかったかのように。みんなのことが本当に大好きで、こんなに素敵な人たちといっしょに働ける自分はなんて幸せなんだろう、と言う。みんなはあなたが本当にみんなのことが好きなんだと思い、自分たちが特別な存在になった気になる。

No.90 ハイタッチをしようと誘う

イベント終了時に、みんなでハグや、ハイタッチをしようと誘う。この会の成功をたたえ、準備してくれた人たちへの拍手をうながす。すると、会を準備した人たちは次回も引き続き担当せざるを得なくなり、あなたは関わらなくて済む。

歴史に残る有名な会議

過去の有名な会議から、会議についてなにが学べるだろうか。これから紹介する貴重な過去の遺産をヒントにチームを成功に導けば、スマートに見せる能力は時空を超えて万能だと証明できるだろう。

ピラミッド
紀元前2630年

トロイの木馬
紀元前1190年

最後の晩餐
西暦33年4月1日 水曜日

生きているあいだにその成果を見届けられないプロジェクトに参加するなんて、いったいどんな人たちなのだろうか？ 古代エジプト人たちだ。何百年もかかるプロジェクトに取りかかろうとする気力を考えると、私たちがやっている四半期計画など、わけないものに思える。

万策つきはてたギリシャ人たちは降参するふりをして巨大な木馬のなかに潜んだ。このアイデアが提案されたとき、だれもがバカバカしいと思ったに違いない。もしこれがうまくいかなかったら、きっとだれかがクビになっていただろう。

水曜日の全員参加のビジネスディナーにうんざりしているのは自分だけだと思ったら大まちがい。イエスは当時のVPで、CEOから豪勢なディナーの予算を承認されていた。その直後、彼は最高の昇進を果たした。

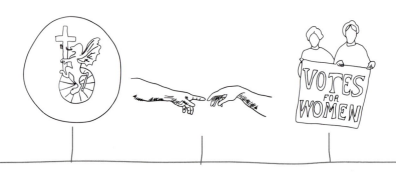

円卓の騎士
西暦450年

アーサー王の会議机は、参加者全員が対等に話せるような円形だった。シリコンバレーはようやくホラクラシーの時代に入ったばかりだが、権力の分散ははるか昔から存在していた。伝説によれば、円卓の騎士たちの戦略会議は極めて効率的だったそうだ。

システィーナ礼拝堂
1508年5月10日

近頃は、有能な建築業者を見つけるのがかなり難しい。1508年もそれは同じだった。ミケランジェロに天井画制作の契約書にサインさせるのに、7年もかかった。そしてプロジェクトの完成までさらに11年かかった。幸運にもミケランジェロは継続的に経過報告ができたので、みんな大局(ビッグ・ピクチャー)を見失わずに済んだ。

女性参政権
1756年

リディア・タフトは、マサチューセッツ州アクスブリッジのタウンミーティングで、初めて女性として投票することが認められた。これは会議における女性の最初の勝利であり、今では世界中で、女性たちが会議で発言することが奨励されている。ただし、笑顔を絶やさず、なんでも同意する場合に限るが。

第二次大陸会議
1775-1781年

この仮の政府の構成員はだれも、実際になにかをする権限を持っていなかった。しかし、彼らは立ち止まらずに、やってのけた。これは、先に承認を得るのではなく、やったあとで謝ればいいと考えるチームの先駆けである。これを土台にグーグル社は、通常の週間労働時間である60時間を満たしていれば、なんでも好きなことをしていい"20%ルール"を設けた。

五大ファミリーの会議
1931年

ニューヨークのマフィアの五大ファミリーが集結した初めての会議で、ファミリー間のコンセンサスのルールが確立された。これは後にシリコンバレーを牛耳るペイパル・マフィアへと連なる。しかし、この初めてのマフィアの会議での真の立役者は、スケジュールの調整役である。ドンたちの全員の予定が空いている夜を探すのは、ハドソン川に沈められるよりもよっぽど辛い難題だったに違いない。

"ウィ・アー・ザ・ワールド"のレコーディング
1985年1月28日

エナジードリンク"ロックスター"でハイになった同僚たちと徹夜仕事をしたことがあるなら、"ウィ・アー・ザ・ワールド"のレコーディング現場がどんなだったか想像できるだろう。ありがたいことにこのプロジェクトでは、みんな自分たちのエゴを捨てて参加していた(なぜなら、スタジオの入口に「この先エゴを持ち込むべからず」との標識が掲げられていたから)。

パート3

最先端の会議の達人に学び昇進（または解雇）をゲットしよう

読者のうち、会議でスマートに見せるワザをすでにマスターし、その結果過去に何度も昇進してきたというひとはごくわずかだろう。1万5000時間以上を会議に費やしてきた中間管理職のほとんどは、昇進とは無縁だったはずだ。しかし、これからの1万5000時間の会議はどうする？ ここで上級テクニックの出番となる。

これから紹介する、ビジネスの世界でもっとも成功したリーダーたちが実際に行った型破りな会議の話から、インスピレーションをいただこう。

スカイダイビングをしながら電話会議に出る

2012年の夏、著名なハイテク企業の幹部が、新作発表を開催しているコンベンション・センターの上空を旋回するヘリコプターからプレゼンテーションを行った。彼がヘリコプターからジャンプした瞬間、電話会議の歴史が塗り替えられた。

ゴメン
1万フィート下の
みんなのことを
見失いそう

ビジネスランチ、ただし食事できるのは自分だけ

とあるサンフランシスコの企業幹部は、オフィスの会議には決して出席しない。そのかわり、チーム全員を海を見晴らす邸宅のダイニングルームに呼びつける。彼だけが専属シェフが作ったランチを食べているあいだ、みんなは腹ペコのままその週の報告をする。

マッサージ師を連れていく

別の著名なハイテク企業幹部は、マッサージを受けながら会議に出席することで知られている。「有機的な意思決定のプロセス」が覚醒されるという。マッサージチェアを抱えた専属のマッサージ師といっしょに現れ、首のコリをほぐしてもらっているあいだずっと「いい……」や「キクー!」などの声を発するという。

数日にわたる集中的な会議を行う

5日間連続で終日にわたり会議室にみんなでこもれば、たいていの問題は解決するだろう。画期的なアイデアやチームの力がどうしても必要な場合や、製品の改良などに取り組む最善の方法として、これを試してみるべきだ。四半期末の昇進を約束してだれかにこの会議を計画実行させる（ただし、この会議のアイデアは自分の功績にする）。

会議での常軌を逸したふるまいと、どれほどスマートに見られるかは比例することを覚えておこう。しかし、これらの戦術は、あなた自身がCEOだったり、進行中のセクハラ裁判の有力な証人であるなど解雇される可能性がほとんどない場合以外はおすすめできない。

ビジネス
ディナー

社交が強要される場で スマートに見せる裏ワザ

スケジュールにビジネスディナーの予定が入っているなら、あなたはいま、キーパーソンになる道を突き進んでいるはずだ。同僚に、ビジネスディナーに出席するために先に帰る、と言えるだけではなく、家族にもビジネスディナーがあるから遅くなると言えるし、お母さんからの電話に「ごめんね、お母さん。いまビジネスディナーの最中なの」と答えることもできる。

しかしいったんビジネスディナーの場に着いたなら、招待するべきじゃなかったと思われないように精一杯努力しなければならない。

ビジネスディナーにふさわしい話題、ふさわしくない話題

出典：TheCooperReview.com

ふさわしい話題

- レナード・コーエン
- 自分が参加している マスターマインドグループ
- 瞑想
- ベビーシッター
- ブロードウェイのミュージカル
- 鴨料理のレシピ
- 読み聞かせの重要性
- リアリティ番組 "リアル・ハウスワイブス・オブ・ニューヨーク"
- ケールを偏愛していること
- 宇宙開発ベンチャー企業のスペースX
- 人道支援活動
- 未来のテクノロジー
- ポルケッタ（イタリア風の肉料理）

ふさわしくない話題

- 話し方講座
- 何かの伝道
- あなたの「実験」
- 好きなショットガンのモデル
- 宇宙人陰謀説
- 不妊治療に奮闘中であること
- リアリティ番組 "リアル・ハウスワイブス・オブ・ニュージャージー"
- 本当はやりたかった仕事
- 10代の頃の逮捕歴
- 排尿排便
- ベーコン

No.91 PCバッグを持っていく

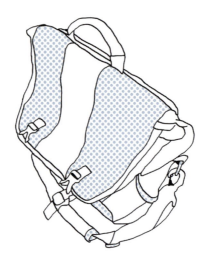

ビジネスディナーの席に必ずPCバッグを持っていく。実際にはPCが入っていなくてもかまわない。PCバッグを持っているだけで、ディナーが終わった後に家で仕事の続きをすると思われる。

No.92 隣の人になにかをささやき、そして笑う

マークはきょう一日、
ズボンのチャックを
開けっぱなしだったわね

隣の席のひとに体を寄せ、耳元になにかをささやく。「ちょっと寒くない?」や「グリッシーニを取ってもらえる?」「何時に終わる予定か知ってる?」など、内容はなんでもいい。なにを言ったとしても、なにか重要な秘密を話し合っているように見える。

No.93 給仕係におすすめを聞いておいて、メニューに載っていないものを注文する

アドバイスを求めると洗練されて見える。もらったアドバイスを完全に無視すると、なぜわざわざ人の意見を聞いたのだろうかとみんなは困惑する。そして、あなたをまるでCEOのようだと思う。

No.94 飲み物を注文する

注文する飲み物により、スマートに見せる方法はそれぞれ異なる。

ワインを注文するときは、いつ栓を抜いたのか確認する。すると、品質を重視するタイプに見える。

特製のカクテルを注文するときは、だれも聞いたことのないようなエキゾチックなものを注文する。すると、開拓精神あふれる冒険者に見える。

ビールを注文するときは、可能な限りCEOのハラと同じぐらい黒いものを選ぶ。

水を注文して、もし給仕係が水道水を持ってきたら、目で承認しない合図を送る(「こころの知能指数作戦」を参照)。

No.95 ほかの出席者の目を見て、外国語で「乾杯」と言う

エゲーッシェーゲドレ！

乾杯のときに目を合わせないと、7年間不運にたたられるという迷信をみんなに思い出させる。すると、伝統を重んじるタイプに見え、歴史に造詣が深いと思われる。そして、いろいろな外国語の「乾杯」を覚えておく。すると、国際事情に詳しく、海外の顧客を任せられるように見える。

No.96 次の四半期で一番楽しみなのは なにかと聞かれたら 「イノベーション」と答える

一番楽しみなことについての話題が持ち上がったら(絶対に持ち上がる)、イノベーションについて語る。イノベーションに向けた努力や、イノベーションの機会についてなにかコメントする。

No.97 だれかにスピーチするようどうながす

席上の一番エラい人に、将来についてスピーチするようどうながす。もし一番エラいのが自分だったら、一番の新顔に、新しく加わったチームのいいところについて語らせる。

No.98 だれかの発言を素晴らしいと言い、携帯電話を取り出しメモする

素晴らしい
ちょっと
メモさせてください
「エスプレッソ……
バリスタ……月曜日に……」

だれかがドヤ顔でいかにも良さそうなことを言ったら、感銘をうけたふりをして、忘れないようにしたいと言う。そして、携帯電話を取り出し、それをメモする。すると、いま聞いたことについてなにかをできる権限を持っているかのように見える。そのうえ、失礼に思われることなく携帯をチェックできる。

No.99 席替えを提案する

席を交換しません?

細長い食卓に座ると、一晩中同じ人と会話しなければならなくなる。席替えを提案することで、みんなにいろいろな人と交流するチャンスを与えることができる。あなたは仲間意識を重視しているように見えるうえに、深くなり過ぎた会話から逃れることができる。

No.100 「それについては明日連絡して」と言う

それについては明日連絡してくれないかな

だれかが仕事の話を持ち出したら、それについては明日連絡するように、と頼む。会社のお金でお酒を飲んでいるのだから、相手が実際にそれを明日まで覚えているはずはないが、それでもその瞬間はまるで重要人物のように見える。

結局のところ、一番大事なのは重要人物に見えることではないか？

会議と会議のあいだ

休憩時間こそ輝くチャンス

会議に出ていないときでも、
スマートに見え続けることが大切だ。

1 お礼のメールを送る

会議が終わったら、出席者全員にメールを送り、時間を割いて会議に出席してくれたことに感謝する。そして、会議の主催者に主催してくれたことを感謝し、書記には、書記をしてくれたことを感謝する。そして、おやつを持ってきた人に感謝する。だれもおやつを持ってこなかったなら、次回はおやつを用意するよう提案する。

2 ラップトップPCを開いたまま歩き回る

のぞき見防止フィルムを貼っておけば、本当はニュースを読んでいるなんてだれも気づかない。

3 メールの末尾にいつも「携帯電話からの送信」という署名をつける

携帯電話から送っていないときでも「携帯電話からの送信」という署名をつける。すると、いつも忙しく動き回っているように見えるうえに、誤字があっても許される。

4 スケジュール表に載っていなかったと言う

会議に行かない。会議がはじまっていると連絡が来たら、スケジュール表に載っていなかったと言う。あなたが来るまで会議をはじめられなかったという事実から、みんなはあなたを重要人物だと錯覚する。

5 会議を提案する

メールのスレッドが25通を超えたら、効率コンテストのスタートだ。そこでは、最初に会議を提案した人が勝者となる。会議を提案して勝者になろう。

6 敗因分析会議(ポストモーテム)を提案する

プロジェクトが中止になったら、なにがいけなかったのかを話し合うポストモーテム会議を提案する。ひとの失敗から学びたいので、ぜひ自分も出席したいと言う。

7 出席しなければならない会議の数が多すぎると文句を言う

出席しなければならない会議の数が多すぎるとつねに文句を言い続けるが、その数は絶対に言わない。そして、相手の言う会議の数を倍にして、自分が出席している会議の数にする。

8 会議が生産的でないことについてのメモを回す

会議をもっと生産的にできたらどんなにいいか、と書いたメモを回す。

9 一番ウザい同僚との「ちょっとしたおしゃべり（クイック・チャット）」という会議を予定する

そして、いつも直前になって理由も言わずに延期し続ける。相手がなにについて話し合うのかを聞いてきても、それについては会議のときに話すと言う。あなただけが、それが永遠に行われないことを知っている。

10 会議の数を減らすための会議を開催する

1つの部屋にみんなを集めて、会議のない日や会議のない午後、会議のない朝を設けるべきか問う。時間切れになり、この討議を次回の会議に持ち越すことにする。

謝辞

Medium、Facebook、Twitterなどで発表した当初の記事を読んでシェアしてくれたみんな、本当にありがとう。ソーシャルメディアを通じてつながった仲間たち、アイデアやフィードバックでいつも支えてくれてありがとう。初期の原稿をすべて読み、改良してくれたマット・エルスワース、タマラ・オルソン、デヴィッド・ビショップ。信頼できる会議の達人クリスチャン・バクスター、ソフィー・ガセー、ジェフリー・パーム。スカイダイビングの師匠オジー・カーン。史上最強のエージェントでランチのお相手として並ぶ者のいないスーザン・レイホファー（そして私たちを引き合わせてくれたクリスティーナ・ハーカー）。世界一忍耐強い編集者のパティー・ライス。このプロジェクトを支え、私を仲間に入れてくれたアンドリューズ・マクミール社のチームのみんな。私がテキストメッセージを延々と送り続けても我慢してくれたシャーメイン。ママ、パパ、レイチェル、ジョージ、スージー、ライアン、タイラー、アイリーン4世、アイリーン5世。そしてだれよりも、いつも私を笑わせて元気づけてくれる夫のジェフに。愛してる。

会議でスマートに見せる100の方法

2016年12月10日　初版印刷
2016年12月15日　初版発行

著　者　サラ・クーパー
訳　者　ビジネスあるある研究会
発行者　早川　浩
印刷所　株式会社精興社
製本所　大口製本印刷株式会社
発行所　株式会社　早川書房
郵便番号　101-0046
東京都千代田区神田多町2-2
電話　03-3252-3111（大代表）
振替　00160-3-47799
http://www.hayakawa-online.co.jp

ISBN978-4-15-209657-9 C0030
定価はカバーに表示してあります。
Printed and bound in Japan

乱丁・落丁本は小社制作部宛お送り下さい。
送料小社負担にてお取りかえいたします。
本書のコピー、スキャン、デジタル化等の無断複製は
著作権法上の例外を除き禁じられています。